AF269355

Loida Blasco Caballero

APULEYO EDICIONES   FOMENTO DE VALORES   CUENTOS ILUSTRADOS

APULEYO EDICIONES   FOMENTO DE VALORES   CUENTOS ILUSTRADOS

Para ti, mi mayor inspiración. Gracias por enseñarme lo valioso que es ver el mundo a través de tus ojos. Estoy inmensamente orgullosa de la persona que eres y todo lo que estás por llegar a ser.

Con todo mi amor,

Mamá.

Había una vez una niña, una niñita que iba cre-
ciendo, que salía de infantil y se preparaba para
ir al cole, a primero de primaria, una niñita de
cinco años que se llamaba Leire. Leire era una
niña muy buena.

COLE

En la escuela era muy obediente e iba a todas partes donde le decía la maestra. Cuando iba de visitas a casa de sus amigos y amigas también era muy aplicada y enseguida ofrecía ayuda con lo que hiciera falta.

8 x 7 = ?
10 + 12 = ?
3 ÷ 3 = ?

El problema estaba cuando Leire y mamá estaban juntas. Leire se ponía muy furiosa y tenía rabietas. Leire se ponía rabiosa cuando no quería andar y pretendía que la mamá la llevara en brazos. También se ponía furiosa cuando se lavaba los dientes, y siempre se enfadaba cuando se le decía que no podía comer dulces y helados. Entonces su mamá se preocupó y decidió que ayudaría a Leire a conocer y expresar sus emociones.

Un día en el que Leire y mamá se fueron a pasear, Leire se enfadó mucho porque no quería caminar. Mamá la llevó a casa y una vez allí se quedó dormida en el sofá. Mientras Leire dormía, empezó a soñar, se encontró en un mundo especial, un mundo mágico lleno de personajes a los que ella no conocía. Ella no lo sabía, pero eran personajes míticos

Primero conoció a una hada. Esa hada era pequeñita, pero deslumbraba mucho, era un hada muy brillante y colorida. Al verla Leire empezó a sentir alegría, porque era una hada que siempre estaba sonriendo. Alegría habló con Leire, le habló de la emoción de la alegría y que esa emoción estaba dentro de ella, era la emoción que se sentía cuando algo le gustaba mucho o cuando estaba con personas que la querían.

Alegría le contó la historia de su vida en el Bosque Encantado, un bosque donde todos sus habitantes eran felices, un bosque lleno de risas y juegos, y le dijo que seguro que ella tenía muchos momentos felices que recordar y le animó a hacer una lista. Esa lista le ayudaría a identificar los momentos que la hacían feliz y a disfrutarlos al máximo.

Luego, Leire se despidió del hada Alegría y se reunió con Tristeza. Tristeza era una sirena, tenía los ojos grandes, de color azul.
Esta sirena vivía en el fondo del océano, pero salió a la superficie
al enterarse de que Leire en ocasiones se ponía furiosa con su
mamá. Tristeza le explicó a Leire que no había que sonreír todo el
tiempo, como hacía el hada Alegría, por lo tanto, le explicó que es
normal sentirse triste normalmente, cuando algo no salía como
nosotros queríamos o como pensábamos que iba a salir. También
estábamos tristes cuando echábamos de menos a alguien.

La sirena comenzó a contarle a Leire que una vez perdió su piedra mágica debido a una maldición y que no pudo explicarle a nadie lo que le estaba sucediendo; simplemente no tenía palabras. No tenía las palabras adecuadas para decir cómo se sentía, pero comenzó a llorar. Y entonces, después de haber llorado, entendió lo que estaba sucediendo y pudo explicarle realmente a su familia que estaba triste. Tristeza le mostró a Leire que no había problema en sentirse triste, y que hablar con su mamá o sus amigos y amigas podía ayudarla a sentirse mejor y descubrir el camino hacia la felicidad.

Al fin, Leire se encontró con Furia, un dragón rojo y poderoso que escupía llamas de su boca. Eran rojas, amarillas y naranjas; todo el mundo que pasaba por su lado se quedaba mirando a Furia. Furia le dijo que la ira es una emoción muy fuerte que surge cuando algo nos molesta profundamente.

Él compartió la historia de cómo logró dominar su habilidad de controlar el fuego y evitar así causar un incendio en el bosque, porque en los momentos de más enfado de Furia, el fuego que soltaba era incontrolable, y ya había provocado más de un accidente e incendio. Furia enseñó a Leire diferentes maneras para tranquilizarse cuando estuviera enfadada, como respirar hondo, contar hasta diez o dibujar o escribir sus emociones en un papel.

Cuando se levantó, Leire notó que se encontraba más poderosa y experimentada. Pensó en todo lo que había aprendido y decidió llevarlos a cabo. Gradualmente, consiguió controlar sus emociones de manera más efectiva y las rabietas con su madre eran menos frecuentes.

Leire se dio cuenta de que todas las emociones tienen importancia y de que, con apoyo y dedicación, podía aprender a controlarlas. De esta manera, Leire disfrutó de una vida feliz, enseñando lo que había aprendido a otros niños y niñas, sabiendo que su mundo interior estaba acompañado por amigos mágicos, siempre dispuestos a brindarle apoyo.

APULEYO
EDICIONES